DREAM HOUSE

NEWSPAPER

Trendy villas & apartments

+ КАТАЛОГ НЕДВИЖИМОСТИ

I0493651

5

уникальных европейских направлений для инвестиций

ЗВЕЗДНЫЕ ДОМА

на Лазурном Берегу

SUMMER 2016

Жизнь на острове

Многие из нас мечтают поселиться на частном острове. Но, как правило, довольно часто это ассоциируется с каким-то чересчур единенным образом жизни, когда из развлечений ты можешь позволить себе разве что прогулки, ныряние и принятие солнечных ванн. Остров Tagomago разбивает подобный стереотип об островной жизни, предлагая идеальный симбиоз всего лучшего, что может быть на отдыхе.

Жизнь на частном острове Tagomago, расположенном в 900 метрах от острова Ибица, предоставляет прекрасную возможность совместить тихую романтическую жизнь островитянина с активной «деятельностью» заядлого тусовщика, не пропускающего ни одной знаковой вечеринки международного масштаба. Остров является заповедником и окружен бирюзовыми водами Средиземного моря с уникальной флорой и фауной, что делает его прекрасным местом для дайвинга и изучения подводного мира. Отдельного внимания заслуживает маяк, построен-

ный в 1909 году и идеально дополняющий сказочную обстановку острова, а также являющийся хорошим поводом для прекрасной романтической прогулки.

В самом центре острова расположен особняк с невероятными панорамными видами и прекрасным 17-метровым бассейном. Дом состоит из 5 спален с ванными комнатами, просторной гостиной, столовой, а также профессиональной кухней. Но все-таки главной изюминкой острова являются прекрасный сервис «в исполнении» высококвалифицированного персонала и первозданная природная красота.

Помимо профессинального обслуживающего персонала на острове доступны всевозможные спортивные активности – от занятий йогой до обучения серфингу и вейкбордингу. Прекрасным и логичным дополнением ко всему этому стала возможность аренды шикарной 34-метровой моторной яхты – MANGUSTA 108.

DREAM **HOUSE** /*Эксклюзив*

www.dream-house.agency | +380 44 222 80 22

ОСОБНЯК НА ОСТРОВЕ

- 5 спален и 5 ванных комнат
- Большая терраса с панорамным видом
- Дизайнерская кухня с профессио-нальным оборудованием
- Мебель спроектирована по инди-видуальному заказу
- Высокотехнологичная звуковая система от SONOS
- Бассейн 17 x 8 м
- Открытая фитнес-зона
- Sunrise & Sunset chill-out

ПЕРСОНАЛ ОСТРОВА

- Повар
- Персонал на кухне
- Официант
- Горничная
- Уборщица
- Капитан и механик
- Садовник

MANGUSTA 108
МОТОРНАЯ ЯХТА (33,5М)

- 3 каюты с 3 ванными комнатами
- Комната для массажа
- Отдельная каюта для персонала
- Звуковая система в каждой кабине

Идеальное место
для отдыха вашей мечты

HACIENDA NA XAMENA
HOTEL · SPA · RESTAURANTS
★★★★★

Na Xamena s/n, San Miguel
07815, Ibiza, Balearic Islands, Spain

Tel: (+34) 971 33 45 00, Fax: (+34) 971 334 514

E-mail: reservas@haciendanaxamena-ibiza.com
info@haciendanaxamena-ibiza.com

www.haciendanaxamena-ibiza.com

Берег мечты

Виктория Белая

Лазурный Берег Франции – одно из самых модных и любимых направлений среди отдыхающих. Скажем так, еще задолго до того, как появились курорты Форте-дей-Марми, Марбелья и Портофино, Лазурное побережье уже блистало в лучах бриллиантов и славы.

Популярность курорта очень легко объяснить. Во-первых, мягкий климат: 300 солнечных дней в году, зимой температура воздуха редко опускается ниже +10ºC, а летом не приходится прятаться от изнуряющей жары. Бархатный сезон заканчивается к концу октября, а уже в мае можно смело прилетать за первым загаром.

Вторая уникальность курорта – ни с чем не сравнимая и неповторимая красота побережья. В мире есть много превосходных мест, но, согласитесь, большая редкость, когда красоту не нужно где-то искать. Куда ни посмотришь, увидишь исключительно красивую картинку – море, скалы, пальмы, шедевры архитектуры… Все здесь идеально, как на полотне талантливого художника.

Высокий уровень сервиса – еще одна характерная черта курорта. Лазурный Берег – одно из немногих мест в Европе, где научились прислушиваться к запросам требовательных клиентов и выполнять их оперативно в любое время суток, причем в самые сжатые сроки. Благодаря этому здесь можно арендовать автомобиль любого класса и года выпуска, купить наряд от именитого дизайнера, попробовать какой угодно деликатес. Словом, Французская Ривьера – это то ме-

DREAM HOUSE /Направление

сто, куда невозможно приехать на одну неделю, здесь хочется, если не остаться навсегда, то, как минимум, приезжать чаще, словно на дачу.

Недвижимость на Лазурном побережье – удовольствие недешевое и доступно далеко не каждому желающему. Однако преимуществ намного больше, чем недостатков. Помимо престижа и всех вышеупомянутых приятных бонусов, которые вы получаете, дом (или апартаменты) на Лазурном Берегу – выгодное капиталовложение. Несмотря на временные кризисы и падения цен, этот регион всегда будет местом, куда мечтают попасть многие. Мода на этот курорт не пройдет никогда. Она может приутихнуть, но спустя каких-то пару лет все вернется на круги своя.

Если вы собрались приобрести недвижимость на побережье, для начала определитесь с целью покупки, от этого будет зависеть локация, тип недвижимости и ее цена. Ищете уединенности и престижа? Тогда лучше, чем *Кап-Ферра*, места не найти. Элитный полуостров, усеянный частными виллами, – мечта всех политиков и крупных бизнесменов. Стоимость недвижимости здесь исчисляется десятками и сотнями миллионов. Если не готовы выложить такую сумму, обратите внимание на соседние *Болье* и *Кап-д'Ай* – престижные тихие курорты, где можно приобрести не только виллы, но и прекрасные апартаменты. Популярности этим курортам придает и близость к Монако:

каких-нибудь 15-20 минут – и вы у казино!

Если говорить о самом Монако, то изначально высокая цена на недвижимость зависит и от самого района. Наиболее дорогой, конечно, *Монте-Карло*. Стоимость апартаментов там не опускается ниже миллиона евро. Но если цель покупки апартаментов – прогулки по Монте-Карло, а необходимой суммы нет, можете рассмотреть варианты квартир в *Босолее*. Он очень близко расположен к княжеству, иногда достаточно 5 минут пешей прогулки, чтобы оказаться на центральной площади Монте-Карло.

Еще один город в непосредственной близости от Монако – *Рюки-Брюн-Кап-Мартен*. Выбирая недвижимость здесь, нужно быть осторожным: город очень разбросан, одна его часть соседствует с Монако, вторая находится на горе, а третья сливается с городом *Ментоном*, который является крайним на французском побережье, дальше – итальянская Лигурия. Так вот Рюки-Брюн может быть очень разным. Первая часть подойдет тем, кто хочет расположиться ближе к Монако, вторая – горная – для желающих обзавестись виллой и уединиться, а третья, вместе с Ментоном, идеальна для семей с детьми, которые хотят спокойного отдыха, относительно умеренных цен, большого количества публичных пляжей и, что немаловажно, близости к Италии!

8

Ментон

Мода на этот курорт не пройдет
никогда. Она может приутихнуть,
но спустя каких-то пару лет
все вернется на круги своя

Кап-Ферра

Если рассматривать вторую часть побережья, от Кап-Ферра и до Канн, особый интерес вызывают Антибы – тихий *Жуан-ле-Пен* и конечно же сами *Канны*. Эта часть побережья считается более спокойной, но отнюдь не менее привлекательной. Канны подойдут тем, кто устал от суеты большого города, но не готов полностью отказаться от прелестей светской жизни. Большое преимущество этого региона в близости к *Провансу*, а также к *Сен-Тропе* – всегда есть куда поехать на выходные. Если говорить о Сен-Тропе, то этот город понравится как заядлым тусовщикам (здесь находятся самые популярные ночные клубы и пляжи), так и любителям абсолютной тишины и уединения (в округе города находится много закрытых «поселков» с элитными домами). Конечо же Сен-Тропе – замечательное место отдыха для семей с детьми, здесь теплое и не очень глубокое море, золотистые песчаные пляжи!

Канны подойдут тем, кто устал от суеты большого города, но не готов полностью отказаться от прелестей светской жизни

Сен-Тропе – замечательное место отдыха для семей с детьми

То, что в моем списке нет *Ниццы*, совсем не случайность. На мой взгляд, покупать недвижимость в этом городе в наше время не совсем целесообразно. Большое количество эмигрантов делают его не очень комфортным для проживания и экономически не выгодным с точки зрения вложения инвестиций. Впрочем, это мое субъективное мнение и, скорее всего, найдется много людей, которые не согласятся с ним. И будут правы! Каждый человек – индивидуальность, со своими увлече-

ниями, интересами и потребностями. Единственный совет, который могу с уверенностью дать: не совершайте спешных покупок, прежде чем выбрать тот или иной объект, определитесь с локацией, попробуйте и осознайте, насколько комфортно вы себя чувствуете в этом месте, с людьми, которые окружают вас, оцените инфраструктуру. И только потом доверьтесь профессионалам – они обязательно найдут дом вашей мечты – ваш Dream House!

В главном ресторане Hotel Metropole Monte-Carlo шеф Жоэль Робюшон предлагает утончённую и в то же время элегантно простую кухню

Антиб

Ресторан «Ле Фигье Сент-Эспри»
1 звезда Мишлена
Кухня: прованская, средиземноморская
Средний чек: €80
Сайт: www.christianmorisset.fr

Биот

Ресторан «Ле Террайе»
1 звезда Мишлена
Кухня: французская
Средний чек: €150
Сайт: www.lesterraillers.com

Болье-сюр-Мер

Ресторан African Queen
Кухня: средиземноморская, fusion
Средний чек: €55
Сайт: www.africanqueen.fr

Ресторан «де Руа»
Средний чек: €160
Сайт: www.reservebeaulieu.com

Ванс

Ресторан «Бакканаль»
1 звезда Мишлена
Кухня: прованская, средиземноморская, французская
Средний чек: €60
Сайт: lesbacchanales.com

Канны

Ресторан Le Park 45
1 звезда Мишлена
Кухня: прованская, средиземноморская
Средний чек: €80
Сайт: www.grand-hotel-cannes.com

Ресторан La Palme d'Or
1 звезда Мишлена
Кухня: средиземноморская

Средний чек: €70
Сайт: www.hotel-martinez.com

Клуб/ресторан «Ле Баоли»
Кухня: средиземноморская, fusion
Сайт: www.lebaoli.com

Кап-Антиб

Ресторан Les Pecheurs
1 звезда Мишлена
Кухня: рыбная, прованская, средиземноморская
Средний чек: €80
Сайт: www.ca-beachhotel.com/ru/index.php

Кап-д'Ай

Ресторан «Атрего»
Кухня: прованская, средиземноморская, французская
Средний чек: €50
Сайт: www.restaurantatrego.com

Кап-Ферра

Ресторан «Лё Кап»
1 звезда Мишлена
Кухня: средиземноморская, французская
Средний чек: €250
Телефон: +33 4 93 76 50 50
Сайт: www.grand-hotel-cap-ferrat.com

Пляж/ресторан «Палома»
Кухня: прованская, французская, рыбная,

морепродукты
Входная плата: €23
Сайт: www.paloma-beach.com
Тип покрытия: галька

Ментон

Ресторан Da Marco
Кухня: итальянская
Средний чек: €60
Тел.: + 33 (0)4 93 84 16 90

Ресторан «Миразюр»
2 звезды Мишлена
Кухня: прованская, средиземноморская, fusion
Средний чек: €120
Сайт: www.maurocolagreco.com

Монако

Ресторан Louis XV
3 звезды Мишлена
Кухня: средиземноморская, французская
Средний чек: €240
Сайт: www.alain-ducasse.com

Ресторан «Жоэль Робюшон Монако»
2 звезды Мишлена
Кухня: средиземноморская, французская
Средний чек: €90
Сайт: www.metropole.com/ru

Ресторан Cipriani
Кухня: средиземноморская, итальянская
Средний чек: € 80
Сайт: www.ciprianimontecarlo.com

Ресторан/клуб «Будда Бар Монте Карло»
Кухня: азиатская, японская, fusion, суши-бар
Сайт: www.buddhabar.com

Клуб «Джиммиз»
Сайт: fr.jimmyzmontecarlo.com

Рюки-Брюн-Кап-Мартен

Ресторан «Le Vistaero»
Кухня: прованская, средиземноморская, французская
Средний чек: €60
Сайт: vistapalace.com

Сен-Поль-де-Ванс

Ресторан La Table de Pierre
Кухня: прованская, средиземноморская, французская
Средний чек: €80
Сайт: www.lemasdepierre.com/restaurant

Сен-Тропе

Клуб 55 (клуб/ ресторан/ пляж)
Кухня: прованская,

средиземноморская, французская
Средний чек: €60
Сайт: www.club55.fr

Ресторан Spoon at Byblos
Кухня: средиземноморская, fusion
Средний чек: €90
Сайт: www.byblos.com

Ресторан «Ля Ваг д'Ор»
1 звезда Мишлена
Кухня: средиземноморская
Средний чек: €350
Сайт: www.residencepinede.fr

Пляж/ресторан Nikki Beach
Кухня: рыбный ресторан, средиземноморская, французская
Входная плата: €50
Сайт: www.nikkibeach.com
Тип покрытия: галька

Клуб VIP Room
Кухня: Итальянская, Провансальская, Средиземноморская
Сайт: www.viproom.fr

Клуб «Ле Кав дю Руа»
Сайт: www.lescavesduroy.com

Эз

Ресторан «Шато де ля Шевр д'Ор»
1 звезда Мишлена
Кухня: средиземноморская
Средний чек: €130
Сайт: www.chevredor.com

13

Автор: Юля Берулава

Лазурный Берег
с легким оттенком Голливуда

Вся западная часть средиземноморского побережья от французского Тулона до итальянской границы давно стала любимым местом отдыха многих голливудских актеров, именитых представителей шоу-бизнеса и всех тех, кто относит себя к категории «селебрити». Некоторым настолько полюбилась Французская Ривьера, что они решились на покупку маленького уютного гнездышка неподалеку от моря, дабы наслаждаться самыми живописными пейзажами ежегодно. Поэтому, когда у вас возникнет вопрос «Купить или нет?», учтите, что многие звезды ответили на него утвердительным согласием – конечно купить!

На высоте 190 метров над уровнем моря чуть выше Ниццы расположены тенистые склоны Мон Борон. Основная их достопримечательность – это не только грот Лазаря, но и вилла **Элтона Джона**, построенная в 1950-х, с террасой, бассейном и балконом с видом на море. Согласитесь, великолепное место для того, чтобы провести пару недель с детьми после Каннского фестиваля.

Лидер группы U2 **Боно** владеет симпатичной виллой на побережье недалеко от Монако. Музыканта устраивало абсолютно все, пока в интернет не попали записи с репетиций группы, которые они проводили в доме. Оказалось, единственное, чего не может гарантировать недвижимость на берегу общественного пляжа, – это неприкосновенность частной жизни знаменитости. Фанаты Боно, сидя на Лазурном Берегу и наслаждаясь видом, записывали треки нового альбома и сразу же выкладывали их в социальные сети.

О приобретении поместья в горной деревушке План-Де-Ла-Тур, расположенной в 30 километрах от Сен-Тропе, **Джонни Депп** вспоминал чуть ли не в каждом интервью. В 2001 году актер потратил на реконструкцию дома порядка 10 млн. долларов: винный погреб сделан в стиле «Пиратов Карибского моря», рядом с 20- метровым бассейном сооружен «бар на пляже», церковь переделали в домик для гостей. И, тем не менее, богемный стиль остался не тронутым. 1100 м^2 вмещают в себя 12 спален и 12 ванных комнат. На территории поместья есть своя прачечная, гараж, столовая с профессиональной ресторанной кухней, спортзал и скейтпарк.

После развода с Ванессой Паради актер выставил поместье на продажу. 15 гектаров с собственным виноградником и всей вышеперечисленной красотой оценили в 26 млн. долларов. Официальным продавцом является агентство недвижимости Côte d'Azur Sotheby's International Realty. Если решитесь на столь дорогостоящую покупку, не помешает узнать любопытный факт: все продается в нетронутом состоянии и вместе с личными вещами Джонни Деппа (речь о библиотеке, картинах и собрании дисков).

Одна из самых величественных вилл под названием **Villa La Leopolda** разместилась между городками Болье-сюр-Мер (в переводе с французского означает «красивое место у моря») и Вильфраншем. На полпути между Ниццей и Монако среди цветных домиков и каменных лестниц вместо улиц между морем и величавыми горными массивами на 4-х гектарах «затерялось» поместье с собственным садом, который обслуживает ни много ни мало – 50 садовников.

Не смотря на то, что первый покупатель земли – **король Бельгии Леопольд** – так и не успел построить ничего на французской земле, имя его навеки останется в названии виллы. Величественное строение появилось уже при другом хозяине, который со временем решил распрощаться с «тяжелой ношей». В списке бывших владельцев Villa La Leopolda – и один из создателей Microsoft **Билл Гейтс**, и основатель автомобилестроительной компании «Фиат» **Джанни Аньелли**, и банкир **Эдмон Сафра** (именно он дольше всех владел поместьем). В доме Эдмона гостили американский президент **Рональд Рейган** с женой, певец

Фрэнк Синатра и многие другие знаменитости. Спустя несколько лет после трагической гибели миллиардера в 1999 году его вдова решила продать виллу. Мадам Сафра приняла предложение русского миллиардера Михаила Прохорова, где речь шла о сумме в 390 миллионов евро. Правда, финансовый кризис 2008 года пошатнул уверенность Михаила в правильности выбора, и он передумал совершать сделку. Такой шаг стоил русскому олигарху 39 миллионов евро, которые пришлось заплатить за расторжение договора купли-продажи. На сегодняшний день не известно имя настоящего владельца Villa La Leopolda.

Одним из излюбленных мест папарацци является городок Корренс на юге Франции. Не совсем Лазурный Берег, но, тем не менее, именно здесь находится резиденция Шато Мираваль, владельцами которой являются **Брэд Питт и Анджелина Джоли**. 400 гектаров земли в «первом органическом» городке Франции окружены охранными системами, которые круглосуточно оберегают спокойный сон многодетного звездного семейства. 35-комнатный особняк с собственным спа-центром, двумя спортивными залами и крытым бассейном стоил актерам

Вилла Элтона Джона с террасой, басейном и видом на море

Вилла лидера группы U2 Боно может обеспечить все, кроме уединения

В 2001 году Джонни Депп потратил на реконструкцию дома порядка 10 млн. долларов

Вдова Эдмона Сафры решила продать виллу и приняла предложение русского миллиардера Михаила Прохорова, где речь шла о сумме в 390 миллионов евро. Однако финансовый кризис 2008 года помешал завершить сделку

60 миллионов долларов. При въезде на территорию есть маленькое озеро, вокруг оливковые деревья и виноградники. В 2014 году в собственной маленькой церквушке, расположенной на территории резиденции, Брэд Питт и Анджелина Джоли сыграли долгожданную, но тихую свадьбу в присутствии своих детей.

Вилла также несет в себе богатое музыкальное наследие. В 1970 году она стала домом для французского пианиста и композитора Жака Лусье, который здесь построил настоящую студию звукозаписи. В этих стенах записывались десятки известных музыкантов: AC/DC, The Cure, Стинг, Pink Floyd...

На этом список знаменитостей, владеющих недвижимостью в Cote d'Azur, не заканчивается. К выходу следующего выпуска

мы обязательно найдем несколько интересных вариантов с пометкой «Звездная недвижимость». И не забывайте: если хотите провести свой летний отпуск по соседству с богатыми и знаменитыми, стоит ехать на южный берег Франции. И однажды забегите в пляжный клуб Club

Резиденция Шато Мираваль, владельцами которой являются Брэд Питт и Анджелина Джоли, стоила актерам 60 миллионов долларов

17

АРЕНДА

ВИЛЛА
ST TROPEZ

Стоимость аренды: от 80 000 евро/неделю

Расположение: Сен-Тропе, Франция
Расстояние до моря: 1,5 км
Ближайший аэропорт: Ницца
Жилая площадь: 600 м²
Максимальное количество гостей: 14
Количество спален: 7
Минимальный срок аренды: неделя

Кинотеатр, спортзал, подогреваемый бассейн, вид на горы и море, охрана 24/7, гараж, Wi-Fi

---

АРЕНДА

ВИЛЛА
LES PARCS DE ST TROPEZ

Стоимость аренды: от 25 000 евро/неделю

Расположение: Сен-Тропе, Франция
Расстояние до моря: 1 км
Ближайший аэропорт: Ницца
Жилая площадь: 400 м²
Площадь участка: 4800 м²
Максимальное количество гостей: 12
Количество спален: 6
Минимальный срок аренды: неделя

Бассейн, терасса, гараж, вид на горы и море, охрана 24/7, Wi-Fi

АРЕНДА

ВИЛЛА
CAP D'ANTIBES

Стоимость аренды: от 25 000 евро/неделю

Расположение: Cap d'Antibes, Франция
Расстояние до моря: 250 м
Ближайший аэропорт: Ницца
Жилая площадь: 800 м^2
Площадь участка: 9000 м^2
Количество спален: 7

Подогреваемый бассейн, теннисный корт, гараж, вид на горы и море, охрана 24/7, Wi-Fi

АРЕНДА

ВИЛЛА
ST TROPEZ

Стоимость аренды: от 87 500 евро/неделю

Расположение: Сен-Тропе , Франция
Расстояние до моря: 50 м
Ближайший аэропорт: Ницца (60 км)
Жилая площадь: 1000 м^2
Площадь участка: 10 000 м^2
Количество спален: 11
Колличество ванных комнат: 11

2 бассейна, кинотеатр, сауна, джакузи, спортзал, охрана 24/7, терраса с зоной отдыха, гараж, Wi-Fi

ПРОДАЖА

ВИЛЛА
КАВАЛЕР-СЮР-МЕР

Стоимость: 2 100 000 евро

Расположение: закрытая резиденция «Parcs des Cavalaire»
Жилая площадь: 180м^2
Площадь территории: 2000м^2
Расстояние до моря: 300 м
Количество спален: 3
Количество ванных комнат: 2
Ближайший Аэропорт: Ницца

Большая терраса, бассейн, гостиная, столовая, сад, парковка, большой гараж.

ПРОДАЖА

ВИЛЛА
ГРИМО

Стоимость: 2 800 000 евро

Вилла с видом на залив Сен-Тропе, расположенная в закрытой резиденции

Расположение: Гримо
Жилая площадь: 220 м^2
Площадь участка: 1 200 м^2
Количество спален: 4
Количество ванных комнат: 4

Гостиная/ столовая, кухня, гараж на 2 машины, бассейн

ПРОДАЖА

ВИЛЛА
ЭЗ

Стоимость: 7 500 000 евро

Поместье, расположенное в тихой резиденциальной зоне, рядом
с национальным парком.

2 жилых дома на одной территории
общей жилой площадью 550 м^2

Площадь земельного
участка 5 000 м^2
Бассейн
Пулхаус
Крытые парковочные места
для 5-6 машин

АПАРТАМЕНТЫ
БОСОЛЕЙ

Стоимость: 3 000 000 евро

Апартаменты с великолепным видом
на море и огромной террасой.
Расположены в новой престижной резиденции.

Жилая площадь: 150 м^2
Количество спален: 4
Ванных комнат: 4

Гостиная, столовая,
американская кухня, гараж

Коста-дель-Соль

Марбелья. Эстепона. Пуэрто-Банус

Ирина Веденеева

Коста-дель-Соль, или Берег солнца – самое южное побережье Испании, где 325 солнечных дней в году, но при этом из-за холодного атлантического течения вода в море даже летом не бывает теплее +24°C.
Благодаря прекрасным дорогам, отличному сервису и широкому ассортименту эксклюзивной недвижимости Коста-дель-Соль по праву является самым престижным, элитным и дорогим регионом Испании.

Марбелья

Главный курорт побережья – Марбелья – почти как Золушка: жила-была в статусе никому не нужной рыбацкой деревушки, пока не повстречался на ее пути богатый принц Дон Альфонсо. Он одним из первых купил здесь довольно крупный участок земли, построил поместье и пригласил друзей в гости. На смекалистых друзей произвели впечатление местный климат, пейзажи… Важно понимать, что речь идет о послевоенных годах, на носу строительный бум 1950-х со всеми вытекающими последствиями. Так, благодаря правильному PR и принцу с богатыми друзьями в Марбелье появились первые роскошные виллы и поместья.

Для отдыха в Марбелье, особенно если вы мегаVIP-персона, предлагают дома на первой линии Golden Mile – в самом фешенебельном районе на Коста-дель-Соль, протянувшимся вдоль побережья от Марбельи до Пуэрто-Бануса. Золотая миля украшена роскошными и очень дорогими, а порой уникальными объектами недвижимости.

Лично мне и, как выяснилось, представителям «старых европейских денег» больше нравятся виллы в горах с потрясающим панорамным видом на море и окружающую природу. От больших, на 8-10 спален, до весьма компактных с тремя-четырьмя. Отдельный бонус жизни здесь – свежий воздух, даже когда в Марбелье +40ºC.

Пуэрто-Банус

Оживленный курорт и конечная точка Golden Mile, прекрасное место для показательных променадов, шопинга и кое-чего еще. Пуэрто-Банус, точнее его центр, напоминает жизнь на крупном музыкальном фестивале – постоянный флирт, радостные возгласы и танцы на балконах.

Ferrari, яхты, luxury-бутики определяют город как место, где модно, красиво и шумно. Ночные клубы с мировыми звездами на танцполе, многочисленные бары, которые можно пройти насквозь и не заметить, как ты попал в соседний, превращают курорт в город бесконечного гедонизма. Вечерний коктейль здесь как-то быстро обретает определенный смысл и не менее увлекательное развитие.

Nikki Beach Marbella
Beach Club
www.nikkibeach.com

Ocean Club Marbella (Puerto Banus)
Beach Club
www.oceanclub.es

Sisu Boutique Hotel & Club
Day & Night Club
www.sisuboutique.com

Aqwa Mist (Puerto Banus)
Night club
www.aqwamistbanus.com

Funky Buddha Marbella
Night club
www.funkybuddhamarbella.com

La Habana De Hemingway (Puerto Banus)
Bar / Night club
www.lahabanadehemingway.com

Seven (Puerto Banus)
Bar / Night club
www.sevenpuertobanus.es

News Café (Puerto Banus)
Bar / Night club
www.newscafe.es

Пуэрто-Банус – город, где модно, красиво и шумно

Эстепона

Эстепона – превосходное место на Коста-дель-Соль для отдыха с детьми. Здесь одни из лучших пляжей на побережье, прекрасные парки развлечений. Можно сказать, что вся набережная представляет собой одну большую детскую площадку, оккупированную разноязычными отдыхающими – детьми и их родителями. Рядом с набережной расположен пляж Ла-Рада. За чистоту прибрежных вод и бла-

Dani Garcia
2 звезды Мишлена
Кухня: авторская, андалузская
Средний чек: €70-90
www.restaurantedanigarcia.com

Cafe del Mar Marbella
Кухня: международная, испанская
Средний чек: €50-70
www.cafedelmardemarbella.com

Da Bruno Sul Mare
Кухня: итальянская
Средний чек: €50-60
www.dabruno.com

Skina
1 звезда Мишлена
Кухня: авторская, средиземноморская
Средний чек: €98-125
www.restauranteskina.com

Messina
1 звезда Мишлена
Кухня: авторская, средиземноморская
Средний чек: €44-78
www.restaurantemessina.com

Bibo
Кухня: современная
Средний чек: €35-70
www.grupodanigarcia.com

гоустроенность он был награжден европейским Голубым флагом. Отдельного внимания заслуживает пляж Эль-Кристо: благодаря своему расположению в красивой бухте, пологому спуску в воду и отсутствию больших волн он идеально подходит для отдыха с маленькими детьми.

В Эстепоне очень широкий ассортимент недвижимости, а цены на нее на порядок ниже в силу ее удаленности от аэропорта Марбельи (25 мин на машине).

АРЕНДА

ВИЛЛА
МАРБЕЛЬЯ, ИСПАНИЯ

Стоимость в неделю: от 12 000 евро

Расположение: Марбелья, Испания
Расстояние до моря: 9 км
Ближайший аэропорт: Малага (60 км)
Жилая площадь: 900 м²
Максимальное количество гостей: 8
Количество спален: 4
Минимальный срок аренды: неделя

Подогреваемый бассейн, сауна, джакузи, спортзал, вид на горы и море, охрана 24/7, кондиционер, камин, терраса с зоной отдыха, гараж на 4 машины, Wi-Fi

АРЕНДА

ВИЛЛА
МАРБЕЛЬЯ, ИСПАНИЯ

Стоимость в неделю: от 27 000 евро

Расположение: Марбелья, Испания
Расстояние до моря: 50 м
Ближайший аэропорт: Малага (60 км)
Жилая площадь: 1 140 м²
Максимальное количество гостей: 12
Количество спален: 6
Минимальный срок аренды: неделя

Крытый бар у бассейна, сауна, джакузи, спортзал, кинотеатр, вид на море, охрана 24/7, кондиционер, камин, терраса с зоной отдыха, парковка, Wi-Fi

АРЕНДА

ВИЛЛА
МАРБЕЛЬЯ, ИСПАНИЯ

Стоимость в неделю: от 65 000 евро

Расположение: Марбелья, Испания
Расстояние до моря: 50 м
Ближайший аэропорт: Малага (60 км)
Жилая площадь: 2 321 м²
Площадь участка: 6 600 м²
Максимальное количество гостей: 12
Количество спален: 9
Минимальный срок аренды: неделя

Теннисный корт, подогреваемый открыты бассейн, Spa, крытый бассейн, 2 сауны, 2 турецкие бани, джакузи, спортзал, кинотеатр, 2 кухни, вид на море, охрана 24/7, кондиционер, камин, терраса с зоной отдыха, парковка, Wi-Fi

АРЕНДА

ВИЛЛА
МАРБЕЛЬЯ, ИСПАНИЯ

Стоимость в неделю: от 150 000 евро

Расположение: Марбелья, Испания
Расстояние до моря: 50 м
Ближайший аэропорт: Малага (60 км)
Жилая площадь: 1100 м²
Площадь участка: 3100 м²
Максимальное количество гостей: 18
Количество спален: 9
Минимальный срок аренды: неделя

Консьерж-сервис 24/7, крытый бассейн, подогреваемый открытый бассейн, сауна, джакузи, спортзал, кинотеатр, 2 кухни, вид на море, охрана 24/7, кондиционер, терраса с зоной отдыха, парковка, Wi-Fi

ПРОДАЖА

АПАРТАМЕНТЫ
MARBELLA, GOLDEN MILE
Стоимость: 845 000 евро

Расположение: Марбелья, Испания
Расстояние до моря: 100 м
Ближайший аэропорт: Малага (65 км)
Год постройки: 2002
Общая площадь: 176 м²
Жилая площадь: 114 м²
Максимальное количество гостей: 4
Количество спален: 2
Количество ванных комнат : 2

Большая терраса, вид на море, гараж, первый этаж, прямой выход на пляж и набережную, урбанизация с бассейном, охрана 24/7

ПРОДАЖА

ВИЛЛА
B LA QUINTA GOLF & SPA RESORT
Стоимость: 13 995 700 евро

Расположение: Altos de Los Monteros, Марбелья
Расстояние до моря: 5,5 км
Ближайший аэропорт: Малага (70 км)
Площадь участка: 4116 м²
Площадь дома: 1932 м²
Площадь крытой террасы: 190 м²
Площадь открытой террасы: 458 м²
Количество спален: 6
Количество ванных комнат: 7

2 бассейна, спортивный зал, сауна, джакузи, лифт, вид на горы и море, расположение участка южное

ВИЛЛА
IN LOS ARQUEROS

Стоимость: 1 950 000 евро

Расположение: Марбелья, Испания
Расстояние до моря: 6,5 км
Ближайший аэропорт: Малага (65 км)
Площадь участка: 1800 м²
Площадь дома: 770 м²
Количество спален: 5
Количество ванных комнат: 5

Бассейн, гараж, сад

ВИЛЛА
IN MARBELLA WEST, EL PARAÍSO ALTO

Стоимость: 5 250 000 евро

Расположение: Бенахавис, Испания
Расстояние до моря: 2,5 км
Ближайший аэропорт: Малага (75 км)
Площадь участка: 5885 м²
Площадь дома: 700 м²
Площадь террасы: 240 м²
Количество спален: 6
Количество ванных комнат: 6
Количество комнат: 13

Бассейн, 3 гаража, джакузи, сад, теннисный корт, вид на горы и море

Владимир Белей

Коста-Брава

Эмпуриабрава и округа

Коста-Брава – край фантастических пейзажей! И это не просто рекламный слоган, именно здесь искали вдохновения Сальвадор Дали, Жоан Миро и Пабло Пикассо. Вдоль всего «дикого берега» (так переводится это название) среди скал, поросших гигантскими алоэ и соснами, спрятаны десятки уединенных пляжей. Там даже в «высокий сезон» можно найти безлюдную бухточку, добраться до которой получится только вплавь или по неприметной тропинке.

Одним из самых интересных и живописных мест на Коста-Браве является бухта Росес и расположенный там город Эмпуриабрава – европейский Майами и самая большая жилая марина в Европе.

30% всего побережья региона – природный парк. Самый красивый – мыс Креус, где ветер и море выточили из камня скалы невообразимых форм, вдохновлявшие Сальвадора Дали, Жоана Миро и Пабло Пикассо.

Эмпуриабрава подойдет и для активной молодежи, особенно увлекающейся парашютным спортом, и для семейного отдыха с детьми – пляжи прекрасны, инфраструктура на достойном уровне.

Эмпуриабрава. История

Бурная рождаемость 1950-х способствовала увеличению количества застроек по всему миру, но к середине 1960-х произошло перенасыщение рынка, возникла острая необходимость новых форм привлечения инвестиций в строительство. И тогда не обошлось без изобретательных голландцев, а также имеющих богатый генетический опыт строительных операций немцев. Оценив мировые тенденции и прикинув наиболее перспективные варианты, они приняли решение строить по новому для Европы формату – самую большую марину, с жилыми домами на каналах по типу Майами. Возрастающий интерес к яхтенному спорту, удобная логистика (2 аэропорта + близость французской границы), благоприятная экология и большое количество туристических достопримечательностей сделали свое – курорт заполнили голландские, немецкие, французские, бельгийские любители яхт и катеров.

Особенности курорта

Условно город разделен на 2 части. Первая расположена в центре города и окружена главным каналом. Катер или яхта в этой части – главное и самое логичное средство передвижения. Здесь находятся виллы, где парадный вход начинается с личного причала, а на дорогу для подъезда автомобиля выходит задний двор. Недвижимость здесь дорогая и встретить вариант для аренды достаточно сложно, да и те немногие виллы, которые сдают, необходимо бронировать как минимум за полгода.

Арендовать жилье легче во второй части Эмпуриабрава. За исключением первых двух линий и портовой части, где сконцентрирована самая дорогая и эксклюзивная недвижимость, эта часть застроена таунхаусами и домами от 3-х до 16-ти этажей с большим количеством апартаментов на любой вкус и, в большинстве случаев, с видом на море и широкую полосу пляжа, заслуживающего отдельного восхищения. Пляж большой и песчаный, с прекрасным пологим входом в море и плавным набором глубины, что делает город прекрасным местом для отдыха с детьми.

Вилла
в Эмпуриабрава

| СТОИМОСТЬ АРЕНДЫ НЕДВИЖИМОСТИ |

- Вилла (4 спальни с бассейном и причалом): **€ 2 800/неделя (в высокий сезон)**
- Апартаменты (2 спальни, с большим
  балконом и видом на гавань и море): **€ 952/неделя (в высокий сезон)**

1. Живописные бухты лучше всего осмотреть со стороны моря

2. Замок Дали и Галы в Пуболе

3. Аэротруба – одна из самых больших в Европе

4. Аэродром Скай Дайв Эмпуриабрава – одно из лучших мест, чтобы совершить первый прыжок

Must Do & See в Эмпуриабрава и округе

• Посетить бухты и пляжи, добраться на которые возможно только по морю

Взять лодку на несколько дней и посмотреть близлежащие бухты и живописное побережье, считающееся одним из самых красивых в Испании. А после активного морского дня поужинать в ресторане, куда возможно попасть только на яхте.
Стоимость проката катера для 4-х человек – от € 210/день (без топлива).

• Проехать по треугольнику Дали

Дом-музей в Портлигате, театр-музей в Фигерасе, замок Дали и Галы в Пуболе – три главных здания в судьбе великого сюрреалиста располагают самой большой коллекцией произведений художника и несут отпечаток причудливого образа жизни Дали и его музы.

• Почувствовать невесомость в одной из самых больших в Европе аэротрубе

Аэротруба в Эмпуриабрава – это не просто место тренировки лучших команд по парашютному спорту со всего мира. Здесь любой сможет ощутить чувство свободного падения, не прыгая с большой высоты. Профессиональные инструктора найдут индивидуальный подход к

любому человеку и в буквальном смысле подарят вам крылья, научат искусно управлять своим телом, находясь в невесомости.
www.windoor-realfly.com

• Прыгнуть с 4 000 метров в тандеме с одним из лучших мировых скайдайверов – Санти Кореллой

В 100 метрах от здания Аэротрубы работает аэродром Скай Дайв Эмпуриабрава с одной из лучших школ парашютного спорта в мире. Здесь сконцентрировано большое количество профессионалов с высочайшим уровнем подготовки, на счету некоторых из них до 50 000 прыжков. В совокупности с техникой и первоклассным оборудованием здесь даже новичок погрузится в атмосферу полного доверия и готовности научиться добывать адреналин из воздуха. Это самое безопасное место для первого затяжного прыжка.
www.skydiveempuriabrava.com

• Попробовать местную кухню

Географическое положение, точнее соседство с самой гастрономической страной в мире Францией, а также богатая и разнообразная гастрокультура возводит регион в ранг одного из самых вкусных и креативных на планете. Подтверждение тому наличие 15 ресторанов со звездами Мишлена, а также лучший ресторан в мире по версии авторитетного рейтинга The Restaurant Magazine – El Celler de Can Roca (**www.cellercanroca. com**). Ресторан под руководством трех братьев Рока – шеф-повара, кондитера и сомелье – предлагает креативную кухню, объединяющую научные разработки, каталонские традиции и театральные элементы.

Els Brancs (Roses)
Кухня: авторская
1 звезда Мишлена
Средний чек: €79-149
www.elsbrancs.com

Emporium (Castelló d'Empúries)
Кухня: авторская, каталонская
1 звезда Мишлена
Средний чек: €22-77
www.emporiumhotel.com

Casamar (Llafranc)
Кухня: авторская, современная
1 звезда Мишлена
Средний чек: €22-77
www.hotelcasamar.net

Noray (Empuriabrava)
Кухня: современная
Средний чек: €21-40
www.hotelportsalins.com

La Gruta (L'Escala)
Кухня: современная
Средний чек: €17-48
www.restaurantlagruta.com

Bitakora (Roses)
Кухня: каталонская, рыбный ресторан
Средний чек: €50-70
www.bitakora.com

Balcó de Mar (Roses)
Кухня: каталонская, рыбный ресторан
Средний чек: €40-70
www.hotelvistabella.com

41

АРЕНДА

ВИЛЛА
GARRAF NATIONAL PARK, SPAIN

Стоимость аренды: от 17 600 евро/неделю

Расположение: Барселона, Испания
Расстояние до моря: 13 км
Ближайший аэропорт: Барселона (40 км)
Площадь дома: 900 м²
Площадь участка: 2445 м²
Участок: 1000 м²
Количество спален: 9
Количество ванных комнат: 6

Бассейн, сад, охрана 24/7, кондиционер, камин, терраса с зоной отдыха, гараж, Wi-Fi

АРЕНДА

ВИЛЛА
PORT LLIGAT BEACH

Стоимость аренды: от 7 870 евро/неделю

Расположение: Cadaques, Costa Brava, Spain
Расстояние до моря: 250 м
Ближайший аэропорт: Жерона (80 км)
Площадь дома: 700 м²
Площадь участка: 2200 м²
Количество спален: 8
Количество ванных комнат: 9

Кинотеатр, подогреваемый бассейн, охрана 24/7, гараж, Wi-Fi

АРЕНДА

ВИЛЛА
В ПАРКОВОЙ ЗОНЕ ГЕРОНЫ

Стоимость аренды: от 13 200 евро/неделю

Расположение: Герона, Коста-Брава, Испания
Расстояние до моря: 35 км
Ближайший аэропорт: Жерона (80 км)
Площадь дома: 850 м²
Площадь участка: 2700 м²
Количество спален: 8
Количество ванных комнат: 6

Лифт, бассейн, парковая зона, охрана 24/7, гараж, Wi-Fi

АРЕНДА

ВИЛЛА XIV ВЕКА
НА ГОРНОМ МАССИВЕ LES GAVARRES

Стоимость аренды: от 11 640 евро/неделю

Расположение: Palafrugell, Girona, Испания
Расстояние до моря: 10 км
Ближайший аэропорт: Жерона (50 км)
Площадь дома: 1150 м²
Площадь участка: 3400 м²
Количество спален: 10
Количество ванных комнат: 12
Подогреваемый бассейн: 2

Сад, теннисный корт, спортзал, библиотека, SPA-зона, парковая зона, охрана 24/7, гараж, Wi-Fi

ПРОДАЖА

ВИЛЛА С ПРИЧАЛОМ
ЭМПУРИАБРАВА

Стоимость: 1 899 000 евро

Жилая площадь: 250 м^2
Размер участка: 787 м^2
Причал: 60 м
Количество спален: 5
Количество ванных комнат: 4

Бассейн, подогрев полов, гостевой туалет, центральная система кондиционирования, электрические жалюзи, Барбекю, автостоянка, гараж

ПРОДАЖА

ВИЛЛА С ПРИЧАЛОМ И ВИННЫМ ПОГРЕБОМ
ЭМПУРИАБРАВА

Стоимость: 4 500 000 евро

Жилая площадь: 1120 м^2
Размер участка: 1440 м^2
Причал: 36 м
Количество спален: 5
Количество ванных комнат: 5
Бассейн: 2 (закрытый и открытый)
Гостевые апартаменты, система сигнализации и видеонаблюдения, кинотеатр, сауна, баня, лифт, кабинет, бар, прачечная, два гостевых туалета, центральная система кондиционирования, электрические жалюзи, барбекю, автостоянка, гараж

44

ПРОДАЖА

НОВАЯ ВИЛЛА
SANTA MARIA DE LLORELL

Стоимость: 12 500 000 евро

Расположение: Tossa de Mar, Коста-Брава, Испания
Расстояние до моря: 300 м
Ближайший аэропорт: Жерона (30 км)
Площадь дома: 1041 м^2
Площадь участка: 4000 м^2
Количество спален: 11
Количество ванных комнат: 7

Бассейн, спортзал, вид на море

ПРОДАЖА

ВИЛЛА
УРБАНИЗАЦИЯ ROCA MAURA

Стоимость: 358 000 евро

Расположение: L'Estartit, Коста-Брава, Испания
Расстояние до моря: 800 м
Ближайший аэропорт: Жерона (55 км)
Площадь дома: 150 м^2
Площадь участка: 350 м^2
Количество спален: 3
Количество ванных комнат: 2

Бассейн, гараж, камин, вид на море

Коста-Бланка

Коста-Бланка – самый теплый и комфортный регион Испании. Здесь даже установили памятник климату, а Всемирная организация здравоохранения признала ее наиболее благоприятным регионом на Земле для жизни человека.

Бонусом региона являются отменные пляжи – широкие, в большинстве своем песчаные и с хорошим входом в воду. 48 из них отмечены Голубым флагом, который присуждают только пляжам с превосходной чистотой и отменной инфраструктурой.

Коста-Бланку можно разделить на респектабельный север и демократичный юг. У них есть

Морайра

Дения, Хавия, Морайра

– спокойные и уютные городки, расположенные в самом живописном и зеленом районе Коста-Бланки, где отсутствуют промышленные предприятия и прочие загрязнители окружающей среды. За протяженные пляжи и природную красоту испанцы называют Дению, Хавею и Морайру жемчужинами побережья. Если же в какой-то момент появится желание окунуться в безудержное веселье и немного размять конечности в компании заядлых тусовщиков, не возникнет никаких проблем: из местного порта постоянно курсируют паромы на Ибицу (3 часа), а до главного центра тусовок и развлечений на побережье – Бенидорма – примерно 20-30 мин езды на машине.

Недвижимость представлена и высотными домами на первой линии, и виллами с таунхаусами. Как говорится, на любой вкус!

Преимущества: прекрасные места для спокойного семейного отдыха, особенно для людей с маленькими детьми, обширный выбор пляжей – от мелкой гальки до песчаных, с идеальным входом в воду, защищенные бухты, где нет больших волн, безопасно – здесь самый низкий уровень преступности на Коста-Бланке и во всей Испании

Недостатки: удаленность от основных развлечений и активностей побережья

несколько принципиальных отличий:

1) сухой и пустынный климат на юге плавно переходит в умеренный и «зеленый» на севере

2) цены и качество инфраструктуры на юге значительно ниже, чем на севере. Правда, на юге иногда встречаются островки высоких стандартов и превосходного сервиса – La Manga Club и Las Colinas Golf & Country Club, но это скорее исключения, чем правило.

Если же взять во внимание внутренние впечатления от увиденного, вывод один: я сконцентрировал все внимание на отрезке в 100 км от Дении до Аликанте.

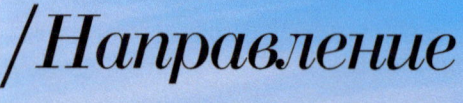
Кальпе, как и большинство успешных прибрежных курортов, вырос из рыбацкой деревушки в солидный туристический город, где количество гостей и экспатов значительно превышает численность местного населения. В городе 14 прекрасных пляжей, включая расположенные в скрытых от посторонних глаз скалистых бухтах. Многие пляжи отмечены Голубым флагом, что говорит о безупречной чистоте, сервисе и безопасности.

Не меньше денег, чем на туризме, город зарабатывает благодаря морепродуктам. В местном порту до сих пор функционирует рыбная биржа (лонха), привлекающая сюда закупщиков лучших рыбных ресторанов и ценителей свежайших морепродуктов со всего побережья. Еще одна «фишка» – соленое озеро Салинас в центре города, где летом можно наблюдать за жизнью розовых фламинго. Для ценителей современной архитектуры обязателен для посещения район Манзанера, спроектированный выдающимся архитектором современности Рикардо Бофиллом.

Преимущества: для спокойного пляжного и семейного отдыха, в окрестностях есть что посмотреть, рай для ценителей свежайших морепродуктов.

Недостатки: ближе к развлечениям, но все равно достаточно удаленно

1

1. Рыбная биржа в Кальпе

2. Соленое озеро Салинас, где можно наблюдать за жизнью розовых фламинго

3. Район Манзанера, спроектированный выдающимся архитектором Рикардо Бофиллом

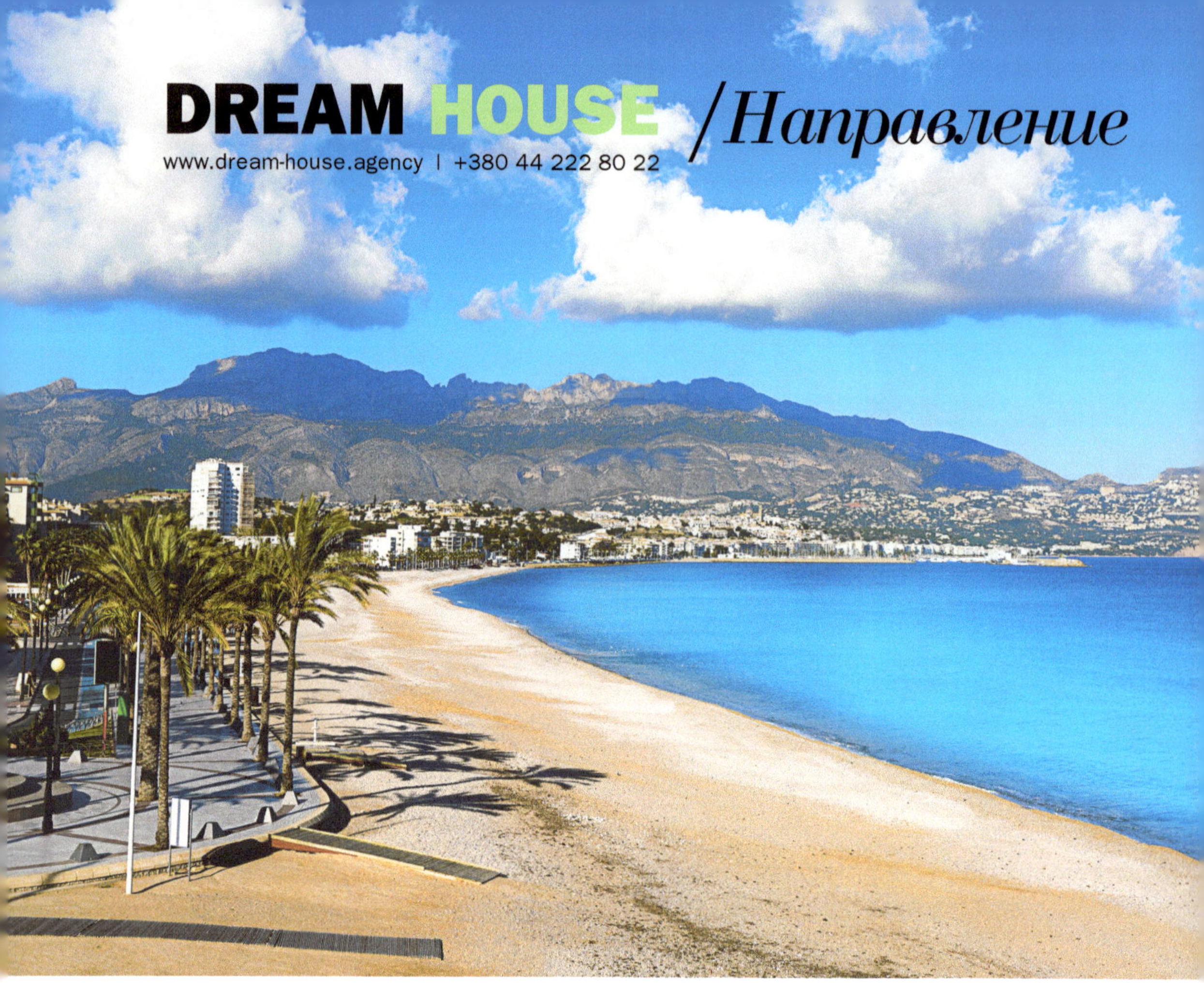

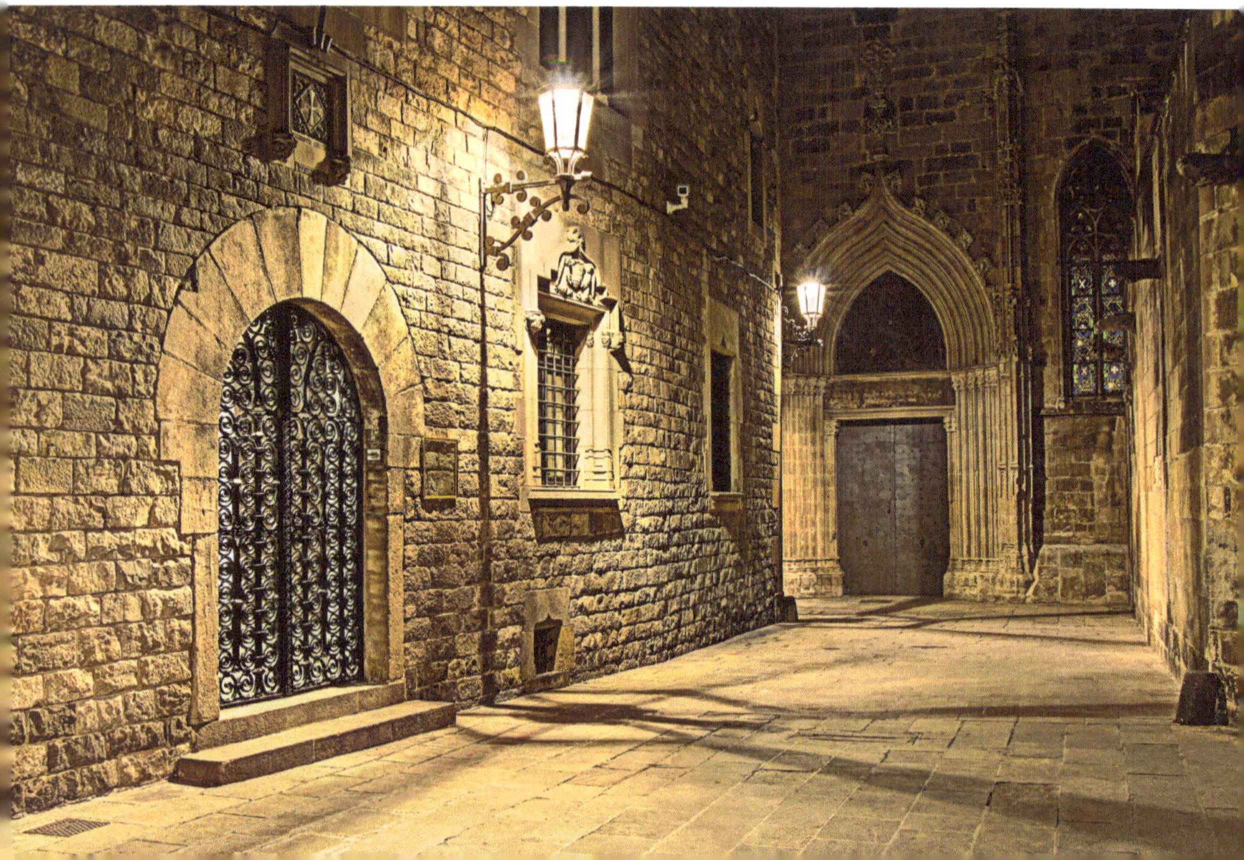

Альтея – самый богемный, спокойный и, как мне показалось, лучший город побережья для размеренного отдыха с правильными порциями активностей и летнего веселья (сказывается близость к Бенидорму). В 1950-х годах здесь поселилась первая группа художников и деятелей искусства, преобразив размеренную жизнь рыбацкой деревушки и превратив ее в арт-объект. Естественно, город изобилует музеями, галереями, мастерскими, что позволяет гостям привозить на память не китайские сувениры, а эксклюзивные изделия ручной работы. Прекрасные пляжи, хорошая инфраструктура и круглогодичная культурная активность (концерты классической музыки, художественные выставки и арт-программы, посвященные современному искусству) делают город практически идеальным местом для жизни и отдыха.

Преимущества: атмосфера, инфраструктура, пляжи. По моему мнению, это лучший город Коста-Бланки.

Недостатки: нет.

Альтея Хиллс

Отдельного внимания заслуживает Альтея Хиллс – курортный комплекс, состоящий из самых элитных коттеджей и вилл побережья с потрясающим видом на море и всей необходимой для уединенного отдыха инфраструктурой. Комплекс занимает достойное место среди элитных испанских курортов.

Бенидорм часто называют испанским Нью-Йорком за архитектуру и Лас-Вегасом – за развлечения. Я бы добавил еще сравнение с Рио в контексте пляжей – они здесь прекрасны и считаются лучшими на всем Средиземноморском побережье. Основная прелесть города в его космополитизме и широчайшем выборе развлечений, его не зря именуют сердцем Коста-Бланки. Здесь каждый найдёт занятие по душе: будь то крутые развлекательные парки для отдыха с детьми, концерты мировых звезд, beach party для молодежи или же балет и фламенко для людей постарше.

Главная недвижимость в городе небоскребов – апартаменты и пентхаусы, они здесь представлены в широком ассортименте.

Преимущества: практически для всех категорий отдыхающих, даже в высокий сезон здесь можно найти правильные уединенные места и пляжи.
Недостатки: бывает шумно и многолюдно

Детский парк

Эль-Кастель-де-Гуадалест

Гуадалест – город-крепость, построенный маврами в XI веке с целью надежного хранения собранных ими налогов. Крепость расположена в горах, на высоте 600 метров, в 24 километрах от Бенидорма. Изначально все жители селились внутри крепости, войти в которую можно было через узкий тоннель, вырубленный в камне.

Главной особенностью крепости являются потрясающие и вдохновляющие пейзажи, открывающиеся со смотровых площадок, и музеи – их здесь 8: Музей солонок и перечниц (более 2000 экземпляров), Музей микроминиатюр, Музей «Дом Ордуньи», Музей пыток, Музей Рождественских фигур и кукол, Этнологический музей, Музей старинных автомобилей и мотоциклов, Музей микрогигантов.

Эль-Кастель-де-Гуадалест

| РЕСТОРАНЫ |

Quique Dacosta (Dénia)
Кухня: авторская
3 звезды Мишлена
Средний чек: €185
www.quiquedacosta.es

Кике Дакоста – один из лучших поваров Испании и владелец именного ресторана – обладатель трех звезд Мишлена

BonAmb (Xàbia)
Кухня: авторская
1 звезда Мишлена
Средний чек: €61-85
www.bonamb.com

Monastrell (Alicante)
Кухня: авторская
1 звезда Мишлена
Средний чек: €48-79
www.monastrell.com

Govana (Alicante)
Кухня: традиционная испанская
Средний чек: €23-41
www.govana.es

El Xato (La Nucia)
Кухня: традиционная испанская, креативная
Средний чек: €29-51
www.restauranteelxato.com

Kosta (Moraira)
Кухня: международная, средиземноморская
Средний чек: €30-45
www.restaurantekosta.com

Amigos Bistro by Nas & Dino (Benidorm)
Кухня: средиземноморская, европейская, международная
Средний чек: €19-49
www.amigosbistro.com

АРЕНДА / ПРОДАЖА

ВИЛЛА
АЛТЕЯ, ИСПАНИЯ

Стоимость : 680 000 евро
Стоимость аренды: от 1500 евро/неделю

Расположение: Altea Hills, Испания
Расстояние до моря: 2 км
Аэропорт Аликанте: 65 км
Аэропорт Валенсии: 130 км
Общая площадь: 300 м^2
Участок: 1000 м^2
Количество спален: 5
Количество ванных комнат: 3

Вид на море, фруктовый сад, барбекю, бассейн с переливом, паркинг (1 машина), летняя кухня

АРЕНДА / ПРОДАЖА

ВИЛЛА
АЛТЕЯ, ИСПАНИЯ

Стоимость : 1 350 000 евро
Стоимость аренды: от 2500 евро/неделю

Расположение: Altea Hills, Испания
Расстояние до моря: 3,5 км
Аэропорт Аликанте: 65 км
Аэропорт Валенсии: 130 км
Общая площадь: 700 м^2
Участок: 1100 м^2
Количество спален: 4
Количество ванных комнат: 4

Вид на море, фруктовый сад, барбекю, бассейн с переливом, паркинг (1 машина), летняя кухня

ВИЛЛА
АЛТЕЯ, ИСПАНИЯ

Стоимость: 5 900 000 евро
Стоимость аренды: от 7000 евро/неделю

Расположение: Алтея, Испания
Расстояние до моря: 100 м
Аэропорт Аликанте: 65 км
Аэропорт Валенсии: 130 км

Панорамный вид, средиземноморский сад, бассейн 125 м² (подогрев), встроенная джакузи, зона барбекю, автоматические ворота, гостевая парковка (2 машины)
Сад, детская горка, открытое джакузи, бассейн 5x10 м (подогрев), зона барбекю, гостевая парковка

ВИЛЛА
ХАВЕЯ, ИСПАНИЯ

Стоимость : 1 000 000 евро
Стоимость аренды: от 2 000 евро/неделю

Расположение: Хавея, Испания
Расстояние до моря: 2 км
Аэропорт Аликанте: 90 км
Аэропорт Валенсии: 105 км
Общая площадь: 360 м²
Участок: 1050 м²
Количество спален: 4
Количество ванных комнат: 3

Панорамный вид на море, сад, детская горка, открытое джакузи, бассейн 5x10 м (подогрев), зона барбекю, гостевая парковка

ПРОДАЖА

АПАРТАМЕНТЫ
УРБАНИЗАЦИЯ CUMBRE DE SOL

Стоимость: от 347 500 евро

Расположение: Алтея, Испания
Расстояние до моря: 500 м
Аэропорт Аликанте: 84 км
Аэропорт Валенсии: 135 км
Минимальное количество спален: 2
Минимальное количество сан. узлов: 2
Жилая площадь: от 177,99 м^2 до 241,94 м^2
Площадь террас: от 40,55 м^2 до 93,90 м^2

Сад, сауна, джакузи, детская площадка, бассейн, гараж, тренажерный зал

ПРОДАЖА

ВИЛЛА
УРБАНИЗАЦИЯ CUMBRE DE SOL

Стоимость: 537 000 евро

Расположение: Cumbre de Sol, Коста Бланка север, Испания
Расстояние до моря: 500 м
Аэропорт Аликанте: 95 км
Аэропорт Валенсии: 135 км
Площадь участка: 760 м^2
Жилая площадь: 358,25 м^2
Площадь террасы: 77,60 м^2
Площадь открытой террасы: 458 м^2
Количество спален: 3
Количество санузлов: 2

Сад, сауна, джакузи, детская площадка, бассейн, гараж, тренажерный зал

ПРОДАЖА

ВИЛЛА
CUMBRE DE SOL, BENITACHELL

Стоимость: 1 988 460 евро

Расположение: Cumbre de Sol, Коста Бланка север, Испания
Расстояние до моря: 500 м
Аэропорт Аликанте: 95 км
Аэропорт Валенсии: 135 км
Площадь участка: 760 м^2
Жилая площадь: 358,25 м^2
Площадь террасы: 77,60 м^2
Площадь открытой террасы: 458 м^2
Количество спален: 4
Количество сан. узлов: 5

Терраса, сад, сауна, джакузи, детская площадка, бассейн, гараж, тренажерный зал

ПРОДАЖА

ВИЛЛА
BENIDORM

Стоимость: 1 500 000 евро

Расположение: Benidorm, Коста-Бланка, север, Испания
Расстояние до моря: 2 км
Аэропорт Аликанте: 60 км
Аэропорт Валенсии: 150 км
Площадь участка: 1158 м^2
Жилая площадь: 640 м^2
Количество спален: 5
Количество сануузлов: 4

Терраса, сад, сауна, детская площадка, бассейн, гараж

Форте-деи-Марми

Форте-дей-Марми, или Лето родилось тут – в городе-курорте на берегу Лигурийского моря в самом сердце Италии. Цитируя одного местного архитектора, можно сказать, что «люди жили тут всегда, работать не любили, так как почти все им досталось от природы».

Герман Ленгер

ВИталии очень много интересных мест, но Форте отличается от всех: здесь почти нет высотных зданий, улицы заполнены относительно невысокими виллами – такой себе элитный дачный кооператив с широкими песчаными пляжами, бесконечными ресторанами на берегу и множеством эксклюзивных бутиков именитых брендов.

Своей популярностью Форте обязан владельцу московского ГУМа Михаилу Куснировичу. В период становления своего бизнеса он часто посещал Флоренцию. И один из итальянских партнеров привозил его в Форте на море. Со временем Кусниирович купил тут виллу и открыл Форте для своих знакомых и друзей. Конечно же, курорт существовал и раньше, но элитность приобрел именно благодаря Михаилу. Форте-дей-Марми может побаловать вас неплохими отелями, хозяева которых тоже в основном выходцы из СНГ. Это одно из немногих мест в Италии, где к русскоговорящим туристам относятся с

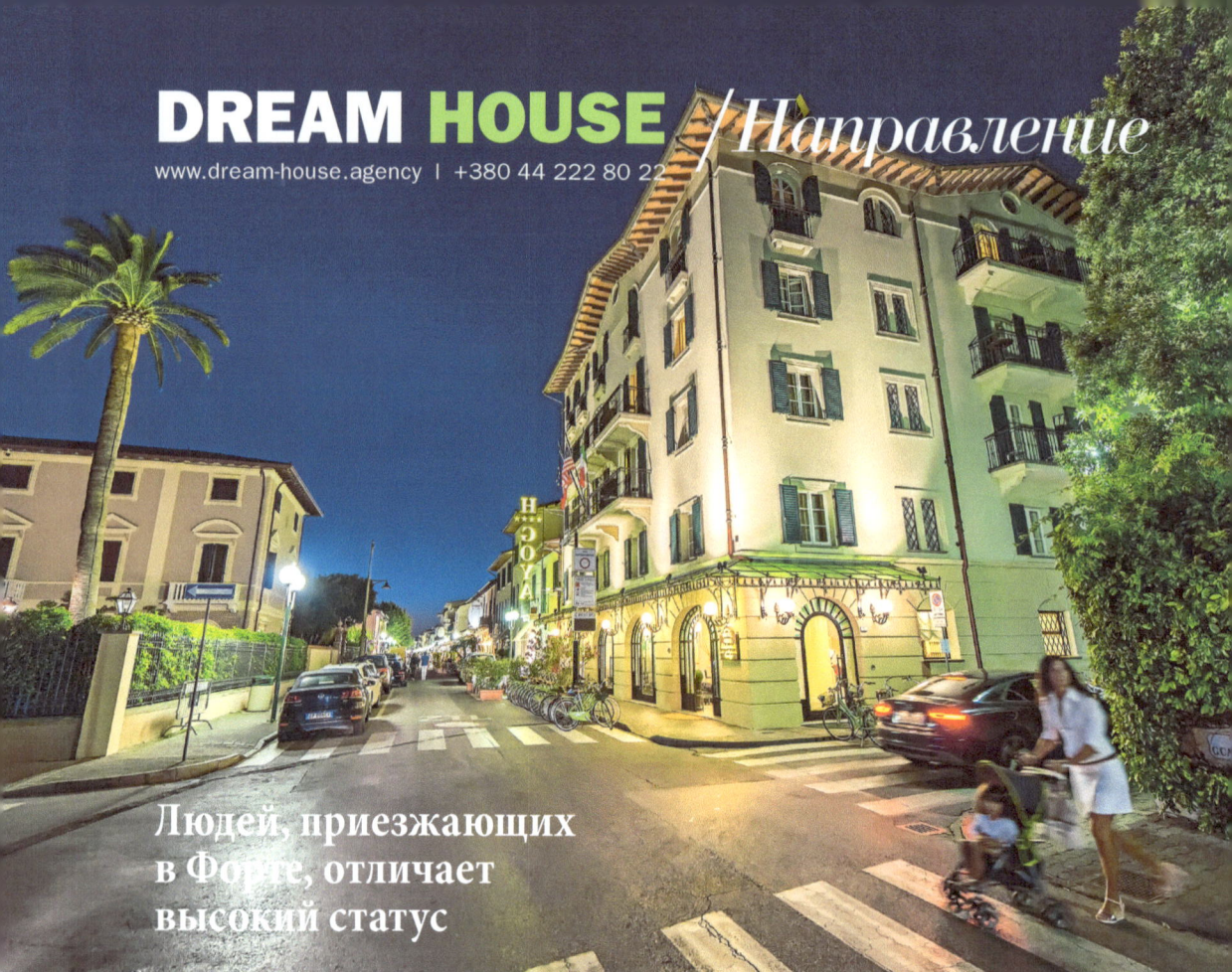

Людей, приезжающих в Форте, отличает высокий статус

особым вниманием, потому что они привозят деньги. Вряд ли вы станете свидетелем пьяных выходок в ресторанах, напротив, людей, приезжающих в Форте, отличает высокий статус. Здесь любят отдыхать семьи, пресытившиеся гламурным Лазурным Берегом и ищущие размеренной, тёплой роскоши и обычных приятных ощущений. Как говорил один из клиентов, «четвертый год подряд хотим поехать куда-нибудь еще и все равно едем в Форте». В этой местности почти никто не передвигается на авто – все на велосипедах. Тут вы можете встретить Леонтьева или Маликова на педалях, Лепса в шортах и т. д.

Совсем недавно в сети гуляли фото со свадьбы Веры Брежневой и Константина Меладзе, которая состоялась именно в Форте-дей-Марми. Как рассказали ребята из DHA, отмечали событие молодые в простом, но вкусном ресторане на берегу моря и традиционно поселились не в отеле, а на вилле. Вообще, если ехать в Форте-дей-Марми, то лучше всего останавливаться как раз на вилле, где можно расслабиться, закрыв машину в гараже, и просто купаться, ходить друг к другу в гости, готовить и наслаждаться жизнью!

Форте-дей-Марми условно разделен на 2 части – новую и старую. Старая более зеленая, прохладная и чуть удалена от центра, новая же предложит более комфортабельные виллы для аренды с большей площадью и часто с бассейном.

Piccolo Principe
2 звезды Мишлена
Современная кухня
Средний чек: 145 €
www.ristoranteilpiccoloprincipe.com

Romano
1 звезда Мишлена
Рыбный ресторан
Средний чек: 95 €
www.romanoristorante.it

Bistrot
1 звезда Мишлена
Рыбный ресторан
Средний чек: 80 €
www.bistrotforte.it

La Magnolia
1 звезда Мишлена
Креативная кухня
Средний чек: 90 €
www.hotelbyron.net

Ciccio Marina
Рыбный ресторан
Средний чек: 52 €
www.ristorantececiccio.it

La Terrazza
Современная кухня
Средний чек: 60 €
www.softlivingplaces.com

Bibo
Современная кухня
Средний чек: 55 €
www.bibodanigarcia.com

| К Л У Б Ы |

Twiga Beach Club
Пляж/ночной клуб
www.twigabeachclub.com

Seven Apples
Ночной клуб
www.sevenapples.it

La Capannina di Franceschi
Ночной клуб
www.lacapanninadifranceschi.com

Форте – такой себе элитный дачный кооператив с широкими песчаными пляжами, бесконечными ресторанами на берегу и множеством эксклюзивных бутиков именитых брендов

АРЕНДА

VILLA
IN VITTORIA APUANA

Стоимость аренды: от 10 000 евро/неделю

Ближайший аэропорт: Пиза (PISA)
Расположение: Форте-дей-Марми, Тоскана, Италия
Расстояние до моря: 650 м

Количество спален: 6
Количество ванных комнат: 7

Гараж, сад, бассейн

АРЕНДА

VILLA
IN ROMA IMPERIALE

Стоимость аренды: от 12 500 евро/неделю

Ближайший аэропорт: Пиза (PISA)
Расположение: Форте-дей-Марми, Тоскана, Италия
Расстояние до моря: 500 м
Площадь участка: 1550 м^2

Количество спален: 6
Количество ванных комнат: 7

Гараж, сад, бассейн

VILLA
IN VITTORIA APUANA

Стоимость аренды: от 15 000 евро/неделю

Ближайший аэропорт: Пиза (PISA)
Расположение: Форте-дей-Марми, Тоскана, Италия
Расстояние до моря: 800 м
Площадь участка: 1200 м^2

Количество спален: 5
Количество ванных комнат: 5
Бассейн: 2

Сад, спортзал, SPA, кинотеатр

VILLA MAXIME
IN PUNTA ALA

Стоимость аренды: от 8 000 евро/неделю

Ближайший аэропорт: Пиза (PISA)
Расположение: Форте-дей-Марми, Тоскана, Италия
Расстояние до моря: 1500 м
Площадь участка: 1000 м^2

Количество спален: 4
Количество ванных комнат: 4

Сад, бассейн

АРЕНДА

АРЕНДА

ПРОДАЖА

АПАРТАМЕНТЫ

Стоимость: 450 000 евро

Ближайший аэропорт: Пиза (PISA)
Расположение: Форте-дей-Марми, Тоскана, Италия
Расстояние до моря: 800 м
Второй этаж

Количество спален: 3
Количество ванных комнат: 2

Парковочное место

ПРОДАЖА

АПАРТАМЕНТЫ-ПЕНТХАУС

Стоимость: 1 100 000 евро

Ближайший аэропорт: Пиза (PISA)
Расположение: Форте-дей-Марми, Тоскана, Италия
Расстояние до моря: 500 м

Количество спален: 3
Количество ванных комнат: 2

Парковка
Лифт

ПРОДАЖА

ВИЛЛА

Стоимость: 5 500 000 евро

Ближайший аэропорт: Пиза (PISA)
Расположение: Форте-дей-Марми, Тоскана, Италия
Расстояние до моря: 500 м
Жилая площадь: 600 м^2
Площадь участка: 1500 м^2

Количество спален: 6
Количество ванных комнат: 7

Сад, кинотеатр, камин

ПРОДАЖА

НОВАЯ ВИЛЛА

Стоимость: 3 500 000 евро

Ближайший аэропорт: Пиза (PISA)

Расположение: Форте-дей-Марми, Тоскана, Италия
Расстояние до моря: 900 м

Количество спален: 4
Количество ванных комнат: 3

Сад, джакузи

DREAM HOUSE #другаявилла

www.dream-house.agency | +380 44 222 80 22

ВИЛЛЫ ПРИ ОТЕЛЯХ

Вилла при отеле – это гарантия высокого уровня сервиса и доступ к отельной инфраструктуре. Представляем наши любимые виллы при отелях, где вас ждет сервис высочайшего уровня и много приятных бонусов.

VILLA ROSE PIERRE

Отель: Grand-Hôtel du Cap-Ferrat, A Four Seasons Hotel / Кап-Ферра
Спальни: 4
Ванные комнаты: 4
Сад: 1 000 м²
Дом: 243 м²

Вилла лучшего отеля, расположенного среди самых дорогих домов в мире, — это уже явная заявка на чрезмерную изысканность и утонченность. И она всегда полностью оправдывает ожидания, особенно после реконструкции 2007 года, реализованной именитым французским дизайнером Альберто Пинто. Вилла идеально сочетает в себе аристократический стиль Лазурного побережья и современные технологии. Обеденная зона на крыше виллы с незабываемым видом на море и окружающую природу гарантированно останется в памяти надолго. Сервис, естественно, на высоте!

Лучшая вилла на пляже, доступная для аренды на Коста-дель-Соль, расположена на территории роскошного отельного комплекса Marbella Club. Помимо шелковых ковров ручной работы, коллекционных произведений искусства и 7 дровяных каминов, вилла может похвастать эксклюзивным садом с фонтанами в стиле гранадской Альгамбры, частным дзен-садом с водопадом и прямым выходом на пляж со своей частной территорией, что позволяет ей считаться лучшим местом на побережье для проведения торжеств. Отдельно стоит сказать об обслуживающем персонале. Горничные, повара, дворецкий, охрана – их квалификация соответствует самым высоким стандартам, присущим отелям с мировым именем и отменной репутацией.

VILLA DEL MAR

Отель: Marbella Club / Марбелья
Спальни: 6
Ванные комнаты: 9
Участок: 6 200 м²
Дом: 2 500 м²

WHITE VILLA

Отель: Danai Beach Resort & Villas/ Халкидики
Спальни: 4
Ванные комнаты: 4
Участок: 1 800 м^2
Дом: 950 м^2

Danai Beach Resort & Villas – лучший отель на Халкидики для романтического или просто уединенного отдыха. Он принадлежит и находится в управлении одной семьи, где отец – главный инвестор, мать – дизайнер, а сын – успешный управляющий. Подобный семейный подряд породил отель, где нет ни одного похожего номера, а большинство деталей интерьера были приобретены на аукционах или антикварных лавках по всему миру. Естественно, подобный подход актуален и для лучшей виллы отеля: здесь наряду с техникой Bang & Olufsen и креслами от Филиппа Старка можно встретить редкие антикварные кровати и ковры ручной работы.

VILLA SMERALDA

Отель: Hotel Romazzino / Сардиния
Спальни: 5
Ванные комнаты: 5
Участок: 750 м^2
Дом: 243 м^2

Hotel Romazzino – любимое место отдыха именитых представителей европейской и мировой элиты. Естественно, виллы на его территории соответствуют самым высоким стандартам, а Villa Smeralda является лучшей из них. Она спроектирована таким образом, что все спальни имеют собственные веранды с видом на море. Кажущаяся простота интерьера при ближайшем рассмотрении деталей преобразуется в прекрасную гармонию эксклюзивных материалов ручной работы.

DREAM HOUSE /Партнеры

SAUVAGE ресторан

Украина, г. Киев, ул. Кутузова, 12б,
+380 44 200 82 22, +380 44 200 83 33
Facebook: SAUVAGErestaurant,
Instagram: sauvagerestaurant

КАНАПА ресторан

Украина, г. Киев, Андреевский спуск,
19а, +380 44 425 45 48,
+380 68 044 30 50, manager@kanapa-
restaurant.kiev.ua, www.borisov.com.ua

ЛИПСКИЙ ОСОБНЯК
ресторан

Украина, г. Киев, ул. Липская, 15,
+380 44 254 00 90
lipsky@karta.ua, www.lipsky.com.ua

МАРОКАНА ресторан

Украина, г. Киев, бул. Леси Украинки,
24, +380 44 25 44 999
info@carteblanche.ua, www.
carteblanche.ua

BEEF
meat & wine

BEEF.мясо&вино ресторан

Украина, г. Киев,
ул. Шота Руставели, 11,
+380 44 384 28 04
www.beef.kiev.ua

GOODMAN ресторан

Украина, г. Киев, ул. Жилянская, 75,
БЦ «Евразия»
+38 044 592 31 45,
goodman.kiev@rp-com.ru,
www.ua.goodman.ru

КОНКОРД ресторан

Украина, г. Киев, пл. Льва Толстого,
БЦ Credit Agricole, 8-й этаж
+380 44 234 77 88, info@carteblanche.
ua, www.carteblanche.ua

ЛЮБИМЫЙ ДЯДЯ
ресторан

Украина, г. Киев, ул. Паньковская, 20
+38 044 289 1885,
www.lubimiydyadya.com

TOUCH CAFE ресторан

Украина, г. Киев, ул. Шота Руставели,
16, +380 44 206 49 20
info@carteblanche.ua,
www.carteblanche.ua

R E E F

REEF ресторан

Украина, г. Киев, ул. Шота Руставели,
16а
Телефон для бронирования:
+380 44 228 18 17

ПРАГА ресторан

Украина, г. Киев, пр-т Академика
Глушкова,1, +380 44 526 99 90
Info@praha-restaurant.com,
www.praha-restaurant.com

VA BENE BISTRO
ресторан

Украина, г. Киев, ул. Б. Хмельницкого,
19-21, БЦ «Леонардо»
+380 44 377 75 65, info@carteblanche.ua,
www.carteblanche.ua

**SAM`S STEAK
HOUSE** ресторан

Украина, Киев, ул. Жилянская, 37, +38
044 287 20 00, www.karta.ua
www.facebook.com/Sams.Steak.House,
instagram.com/sams_steak_house

SEREBRO ресторан

Украина, г. Киев, ул. Мечникова, 3.
Тел. +380 96 303 0000
www.serebro-rmb.com,
facebook.com/serebro.kiev

FELLINI ресторан

Украина,г. Киев, ул. Городецкого, 5,
тел.: 044-279-54-62; 067-430-02-02
www.fellini.in.ua

**LA CASA DEL
HABANO** ресторан

Украина, г. Киев, Кловский спуск, 13,
+380 44 492 74 48
info@carteblanche.ua,
www.carteblanche.ua

ЦАРСКОЕ СЕЛО
ресторан

Украина, г. Киев, ул. Лаврская, 22, тел.:
(044)280-30-66 та (044)288-97-75
www.tsarske.kiev.ua

КУРЕНИ ресторан

Украина, г. Киев, Парковая дорога, 4,
+380 44 253 17 24
info@carteblanche.ua,
 www.carteblanche.ua

РЫБНЫЙ БАЗАР
ресторан

Украина, г. Киев, ул. Владимирская,
24а/2, +380 44 278 48 52
www.fishmarket.in.ua

MATISSE ресторан

Украина, г. Киев, ул. Б. Хмельницкого,
56а, CITYHOTEL, 15-й этаж,
+380 44 393 59 29, restmatisse@gmail.com,
www.matisse.com.ua

LOVE РАЗГУЛЯЕВО
ресторан

Украина, г. Киев, Столичное шоссе, 70
(дорога на Конча-Заспу)
+380 44 259 17 00, razgulyaevo@karta.
ua, www.razgulyaevo.com.ua

INK ресторан

Украина, г. Киев, ул. Б. Хмельницкого,
19-21, БЦ «Леонардо»
+38 044 224 50 65, +38 067 506 04 26,
www.ink-restaurant.com

JUST C.A.F.E. ресторан

Украина, г. Киев,
ул. Б. Хмельницкого, 39
+380 44 235 04 07, www.ustcafe.com.ua

КОНЮШНЯ
БУТЕНКО

Украина, Киевская обл. Бориспольский
р-н, с. Процев, ул. Комсомольская, 12б,
+380 67 219 48 70, butenko-stable@mail.ru,
www.butenko-stable.com.ua

CHALLENGE AERO
бизнес-авиация

Украина, +380 44 495 04 90
sales@challenge.aero,
www.challenge.aero

AIR CHARTER
UKRAINE чартерная
авиакомпания

Украина, +380 67 463 52 21
support@aircharterukraine.com,
www.aircharterukraine.com

MIROTEL RESORT
& SPA отель

Украина, г. Трускавец, пл. Кобзаря, 1,
+380 3247 641 70
info@mirotel.ua, www.mirotel.ua

MARISTELLA MARINE
RESIDENCE отель

Украина, г. Одесса, ст. Б.Фонтана, 10, ул.
Красных Зорь, 2а
Тел +38 (048) 772-32-02, ressidence@mail.ru,
maristella.com.ua

HOTEL BRISTOL
отель

Украина, г. Одесса, ул. Пушкинская, 15
+380 48 796 55 47,
www.bristolodessa.com

M1 CLUB HOTEL
отель

Украина, г. Одесса, Лидерсовский
бульвар, 1
Тел: (+38) 048 705 88 77,
E-mail: info@m1clubhotel.com

AZUMA ресторан

Украина, г. Одесса, Французский
бульвар, 54/23
+380 67 484 53 44, www.azuma.com.ua

LAVINIA
магазин-ресторан

Украина, г. Одесса, ул. Екатерининская,
31/33
+380 48 722 66 61, www.facebook.com/
lavinia.ukraine

БАБЕЛЬ ФИШ
ресторан

Украина, г. Одесса, ул. Греческая, 5
+380 67 488 85 82, www.babelfish.
com.ua

MINISTERIUM
ресторан

Украина, г. Одесса, ул. Гоголя, 12,
+380 48 777 12 77
info@ministerium.ua,
www.ministerium.ua

ARK SPA PALACE
спа центр

Украина, г. Одесса, ул. Генуэзская, 1а,
+380 48 (2) 328 328
www.ark-spa.com

CHANCE PRIVATE
CLUB Клуб
путешественников

Украина, г. Киев, ул. Красноармейская 2
+380 68 863 36 55

Фитнес-тур в Греции

с Романом Грициной

Организатор: Chance Private Club

Chance Private Club
travel & leisure

Отличная возможность провести время с пользой: прийти в форму перед пляжным сезоном и насладиться красотой полуострова Халкидики в кругу единомышленников. В программе тура: ежедневные занятия спортом под руководством Романа Грицины, проживание на базе лучшего отельного комплекса Греции – SANI Resort, прогулки и пробежки по заповедным местам, полезное питание и приятная компания!

КОЛИЧЕСТВО МЕСТ ОГРАНИЧЕНО!

6-13 мая 2016 года

chancepriveclub.com / **+380 68 863 36 55** (viber/whatsapp)

А ТАКЖЕ ПРИГЛАШАЕМ ВАС В НАШИ АВТОРСКИЕ ТУРЫ:

ПАРФЮМЕРНЫЙ ТУР В ПРОВАНС	ЙОГА-ТУР В ТОСКАНЕ	ФИТНЕС-ТУР В БАДЕН БАДЕН
Июль 2016	Сентябрь 2016	Ноябрь 2016

www.ingramcontent.com/pod-product-compliance
Lightning Source LLC
Chambersburg PA
CBHW050744180526
45159CB00003B/1348